Heike Wiechmann

Pferdegeschichten

Illustriert von der Autorin

www.leseloewen.de

ISBN 978-3-7855-7729-5
1. Auflage 2014
© 2014 Loewe Verlag GmbH, Bindlach
Umschlagillustration: Heike Wiechmann
Reihenlogo: nach einem Entwurf
von Angelika Stubner
Printed in Italy

www.loewe-verlag.de

Inhalt

Rettung aus dem Eis 9

Dickies große Liebe 16

Das achtbeinige Pferd 23

Maxi und das Matheheft 31

Dagoberts Siegeskuss 38

Stups, das Flusspferd 46

Das Plüschpferd. 54

Rettung aus dem Eis

Jeden Tag radelt Marie
zur Weide am See.
Dort steht ihr Lieblingspferd:
Siri, die weiße Stute
von Bauer Börnsen.
Jetzt im Winter ist Siris Fell
dicht wie ein Eisbärenpelz.

Doch wo ist Siri heute?
Und warum laufen
die anderen Pferde
so unruhig am Ufer herum?
Vom See tönt
ein ängstliches Wiehern.
Marie erschrickt.
Aus einem Loch im Eis
guckt Siris Kopf heraus!

Die Stute hält sich
mit ihren Vorderhufen
am Eisrand fest.
Marie rast zum Bauernhof.
„Siri ist ins Eis eingebrochen!",
ruft sie aufgeregt.
Bauer Börnsen holt
eine Leiter und ein dickes Tau.
Mit dem Traktor rattern sie
zurück zur Weide.

Der Bauer bindet
ein Ende des Seils
am Traktor fest.
Das andere Ende
nimmt er in die Hand.
Mit der Leiter unter dem Bauch
schiebt er sich über das Eis.
Er bindet das Seil
um Siris Brust.

Dann robbt er zurück
und startet den Traktor.
Marie hält den Atem an.
Das Seil spannt sich.
Langsam zieht der Traktor
die Stute aus dem Eisloch.
Siri strampelt mit den Hufen
und steht auf.

Am Bauch hat sie
eine große Schramme.
„Wir bringen Siri zum Hof",
sagt der Bauer.
„Schnell, sonst erfriert sie."
Im Stall hilft Marie,
Siri trocken zu reiben.
„Die Wunde ist nicht tief",
sagt Bauer Börnsen.

„Bis sie geheilt ist,
bleibt Siri im Stall."
Marie streichelt Siris Hals.
„Ich komm dich besuchen", sagt sie.
Bauer Börnsen lächelt.
„Wenn Siri wieder ganz gesund ist,
gebe ich dir
Reitstunden auf ihr."

Dickies große Liebe

Auf der Nachbarweide
grast eine neue Stute.
„Das ist Miranda",
sagt Ole zu seinem Hengst Dickie.
„Sie gehört Frau Boom,
der Springreiterin."
Ole seufzt.

Dickie hüpft nicht mal
über eine Pfütze.
Dabei würde Ole so gern
einmal mit ihm
auf ein Springturnier fahren!
Die neue Stute gefällt Dickie.
Schnaubend läuft er auf und ab.
Endlich kommt Miranda angetrabt.
Der kleine Hengst reckt sich
über den Zaun
und knabbert an ihrer Mähne.

Die Stute scheuert den Kopf
an seinem Hals.
Ole lacht.
„Sie mag dich", sagt er.

Als Ole am Samstag
zum Reitstall kommt,
parkt ein Pferdeanhänger
auf dem Hof.

Frau Boom steht dahinter
und versucht,
Miranda hineinzuschieben.
Doch die Stute stemmt
die Hufe in den Boden.
„Was hast du nur?",
stöhnt die Springreiterin.
„Wir kommen zu spät zum Turnier!"

Ole schaut zur Weide.
Am Gatter steht Dickie
und wiehert empört.
Ole läuft zu Frau Boom.
„Ich weiß jetzt,
was Miranda hat",
sagt er aufgeregt.

Zehn Minuten später
steht die Stute im Anhänger.
Und Dickie daneben!
„Donnerwetter",
sagt Frau Boom.
„Du hattest recht!
Miranda mag sich
nicht von Dickie trennen."
Sie sieht Ole an.
„Was mache ich jetzt?"

Ole grinst.

„Ihn mitnehmen
zum Turnier", sagt er.
„Und mich bitte auch."

Das achtbeinige Pferd

Die Stute Odina
bekommt heute Nacht ihr Fohlen.
Ida und Maja
wollen unbedingt dabei sein!
In einer Stallecke
bauen sie sich ein Nachtlager.

„Ich wecke euch,
wenn es so weit ist",
sagt Pferdepfleger Benno.
Die beiden Freundinnen
kuscheln sich ins Stroh.
„Ich lese noch was", sagt Maja.
Sie zieht ein Buch
aus dem Rucksack.

Auf dem Umschlag
jagt ein achtbeiniges Pferd
durch den Nebel.
„Das ist ein Geisterpferd",
erklärt Maja ihrer Freundin.
„Es will die Prinzessin entführen."
„Wie gruselig",
sagt Ida und gähnt.

Mitten in der Nacht
schreckt sie hoch.
„Maja, da war ein Geräusch!",
wispert sie.
Im Dunkeln tastet sie
nach ihrer Freundin.
Doch Majas Schlafsack ist leer!
Plötzlich erfüllt
ein bleiches Licht den Stall.

Und über die Wand flackert der Schatten eines Pferdes mit acht Beinen!
Ida läuft ein Schauer über den Rücken.
Das Geisterpferd!
Es hat Maja entführt!

Auf der Stallgasse hallen Schritte.
Voller Angst
kneift Ida die Augen zu.
Jemand zieht an ihrem Schlafsack.
Es ist Maja!
„Wach endlich auf,
du Schlafmütze!", flüstert sie.
„Das Fohlen ist da."
Sofort ist Ida hellwach.

Hinter Maja läuft sie
zu Odinas Box.
Ein kleines Fohlen steht
neben der Stute.
Daneben kniet Benno
mit einer Taschenlampe.
Auf einmal fängt Ida an zu kichern.

Es gibt gar kein achtbeiniges Geisterpferd. Der unheimliche Schatten, das sind Odina und ihr Fohlen im Schein von Bennos Lampe!

Maxi und das Matheheft

Gleich nach der Schule fährt Lara
zu ihrem Pflegepferd.
„Frau Marek ist blöd!",
ruft sie wütend
und wirft ihre Schultasche
in Maxis Box.

„In Mathe haben wir
irre viele Hausaufgaben auf."
Lara kramt nach ihrem Arbeitsheft
und blättert darin.
„Das dauert Stunden",
stöhnt sie genervt.
„Ausreiten können wir heute nicht."
Die braune Stute schnaubt.

„Kein Ausritt –
und das nur wegen
dieses dummen Heftes?",
scheint sie zu denken.
Blitzschnell schnappt Maxi
sich das Heft.
„Gib wieder her!",
ruft Lara erschrocken.
Aber Maxi hält fest.

Lara zieht an dem Umschlag.
Ratsch!
Das Heft zerreißt und fällt
in einen Haufen Pferdeäpfel!

„Wie sieht das denn aus?",
fragt Frau Marek am nächsten Tag.
Mit spitzen Fingern
hebt sie Laras Heft hoch.
„Das war mein Pflegepferd Maxi",
murmelt Lara.

„Maxi war sauer.
Wir konnten nicht ausreiten –
wegen der Hausaufgaben."
Die Lehrerin runzelt die Stirn
und schaut zur Tafel.
Plötzlich wird sie rot.
„Mathe: 11 Seiten im Arbeitsheft"
steht dort.

„Oje … Ich meinte ... Seite elf",
stammelt sie.
„Elf Seiten sind viel zu viel!"
„Das fand Maxi auch",
sagt Lara und kichert.
Frau Marek nickt.

„Deshalb gibt es bis Freitag keine Hausaufgaben mehr."
„Super!", ruft Lara.
„Dann kann ich ja jeden Nachmittag ausreiten. Mit Maxi!"

Dagoberts Siegeskuss

Kajas Hengst Dagobert
ist ein freundliches Pferd.
Jeden, den er kennt,
begrüßt er.
Am liebsten mit einem Küsschen.

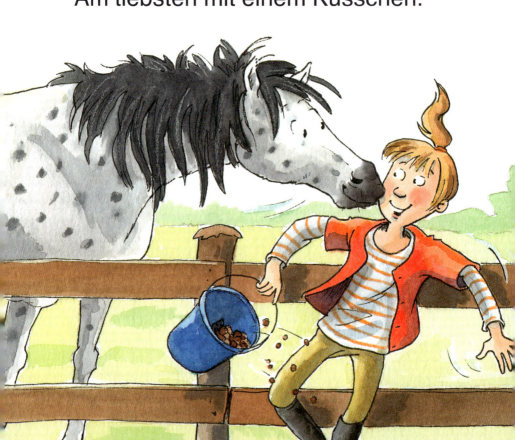

„Dein schreckliches Pferd
hat mich angesabbert!",
schimpft Frau Groth,
Kajas Nachbarin.
„Dagobert mag Sie nun mal",
sagt Kaja und kichert.

Heute ist Dorffest.
Kaja führt Dagobert
am Zügel zum Ringreiten.

An der Wurfbude auf der Festwiese
steht Frau Groth
mit ihrer Enkelin Mia.
„Ich will den Teddy!",
jammert Mia und heult.
Sie zeigt mit ihrem Finger
auf einen riesigen Plüschbären.
Er ist der Hauptgewinn.

„Mia-Schatz,
Oma kann nicht gut werfen",
sagt Frau Groth.
Aber Mia weint und weint.
Frau Groth seufzt.
Sie bezahlt,
nimmt sich einen Ball
und zielt.

Kaja sieht gespannt zu.
Plötzlich zieht Dagobert
ihr die Zügel aus der Hand.
Er läuft zu Frau Groth
und drückt ihr
ein Küsschen auf die Wange.
Frau Groth zuckt zusammen.

„Igitt!", quietscht sie
und reißt die Arme hoch.
Der Ball fliegt ihr aus der Hand
und saust
mitten in den Dosenstapel.
Alle Dosen scheppern zu Boden.
„Gewonnen, Oma!",
ruft Mia begeistert.

Der Wurfbudenmann
reicht ihr den Stoffbären.
Frau Groth kramt einen Apfel
aus der Tasche
und hält ihn Dagobert hin.
„Danke, Dagobert",
sagt sie und streichelt ihn.
„Ohne dich hätte ich
das nie geschafft."

Sie kichert verlegen.
„Ich brauche nämlich dringend
eine neue Brille."
„Nicht wahr?",
fragt Kaja.
„Dagobert ist nicht nur freundlich,
sondern auch hilfsbereit!"

Stups, das Flusspferd

Heute ist die Prüfung
zum kleinen Hufeisen.
„Los geht's, Stups!",
sagt Jule zu ihrem Pferd.
Schritt, Trab, Galopp
und zum Schluss
ein kleiner Sprung.

Stups macht alles genau so,
wie Jule es will.
Nun wird die Pferdepflege geprüft.
Jule und die anderen Kinder
binden ihre Pferde
auf dem Putzplatz an.
Puh, ist das heiß hier!
Jule säubert die Hufe
und ölt sie ein.

Dann kämmt sie die Mähne
und flicht Stups
einen Zopf in den Schweif.
Fertig!
Stolz betrachtet Jule ihr Pferd.
Da kommt auch schon der Prüfer.
Stups und Jule müssen warten.
Sie sind als Letzte dran.

Unruhig scharrt Stups
mit den Hufen.
„Hast du Durst?", fragt Jule.
Sie bindet Stups los
und führt ihn
zum Teich neben dem Putzplatz.
Gierig trinkt der Wallach.
„Jetzt schnell zurück",
sagt Jule.

Aber Stups schüttelt den Kopf.
Er watet einen Schritt ins Wasser.
„Nicht!", ruft Jule.
„Du wirst ganz schmutzig!"
Zu spät.
Stups lässt sich fallen
und wälzt sich im Teich.
Seerosen hängen in seiner Mähne
und sein Fell ist voller Schlamm.

„Ade, kleines Hufeisen",
denkt Jule verzweifelt.
Auf einmal steht der Prüfer
neben ihr.
„Stups mag nicht
in der Sonne stehen",
murmelt Jule.
„Er hatte Durst."
Der Prüfer schmunzelt.

„Für das kleine Hufeisen
muss ich prüfen,
wie gut du dein Pferd pflegst",
sagt er wieder ernst.
„Noch wichtiger aber ist,
dass du weißt,
was deinem Stups guttut."
Nun lacht der Prüfer.
„Wie ich sehe,
weißt du das sehr gut", sagt er.

Der Prüfer öffnet seine Mappe
und holt eine Urkunde heraus.
„Herzlichen Glückwunsch,
Jule und Stups!
Ihr habt die Prüfung
zum kleinen Hufeisen bestanden."

Das Plüschpferd

Elisa wohnt in der Stadt.
Kein einziges Pferd gibt es da.
Dabei will Elisa so gern reiten.
„Ich wünsche mir
ein Pferd zum Geburtstag",
verkündet sie.
Mama seufzt.

„Dafür haben wir keinen Platz",
sagt sie.
„Du hast doch Bubi."
Elisa seufzt auch.
Bubi ist süß –
aber auf einem Hamster
kann man doch nicht reiten!

Deshalb schreibt Elisa
auf ihren Wunschzettel
nur ein Wort:

In den Osterferien
hat Elisa Geburtstag.
Am Morgen springt sie aufgeregt
aus dem Bett.
In der Küche sitzen Mama und Papa
am bunt geschmückten
Geburtstagstisch.

Neben einem Kuchen
mit bunten Streuseln
liegt eine blaue Reitkappe.
Und davor steht ein Pferd.
Es ist aus Plüsch –
und winzig klein!
Elisa lässt den Kopf hängen.

„Ich will doch ein richtiges Pferd",
sagt sie leise.
„Auf diesem
kann höchstens Bubi reiten."
Mama legt den Arm um Elisa.
„Schau mal genau hin!",
sagt sie.
Elisa nimmt das Pferdchen
in die Hand.
Es hat richtiges Zaumzeug
und einen Sattel aus Leder.

Unter dem Sattel klemmt
ein aufgerolltes Stück Papier.
Elisa zieht es heraus und liest:

„Gleich morgen
fahren wir los",
sagt Papa.
„Juhu!", jubelt Elisa.
Glücklich umarmt sie ihre Eltern.
Das ist das tollste Geschenk
der Welt!

Heike Wiechmann wuchs an der Ostsee auf. Nach einem Studium der Pädagogik und Illustration arbeitete sie als Spielzeugdesignerin und reiste dabei um die halbe Welt. Heute schreibt und illustriert sie Kinderbücher und lebt mit ihrer Familie in Lübeck. Mehr über Heike Wiechmann findet ihr auf ihrer Homepage www.heike-wiechmann.de.

ISBN 978-3-7855-7698-4

ISBN 978-3-7855-7727-1

ISBN 978-3-7855-7351-8

ISBN 978-3-7855-7840-7

ISBN 978-3-7855-7664-9

ISBN 978-3-7855-7215-3

Die Reihe *Lesepiraten* bietet viele tolle Geschichten für Erstleser ab 7 Jahren. Die klare Textgliederung in Sinnzeilen garantiert ein müheloses Erfassen des Inhalts und ermöglicht so auch weniger geübten Lesern ein schnelles Erfolgserlebnis. Zahlreiche farbige Illustrationen sorgen darüber hinaus für ausreichend Lesepausen. Also, Schiff ahoi mit den *Lesepiraten* – das Meer der Geschichten wartet!